BEM-VINDO A APARECIDA, ONDE PULSA O CORAÇÃO CATÓLICO DO BRASIL

Seja muito bem-vindo à casa da Mãe Aparecida. "Aqui pulsa o coração católico do Brasil." Esta frase foi dita por São João Paulo II para uma multidão de devotos no ano de 1980, quando o pontífice visitou Aparecida. De fato, o Santuário Nacional é como se fosse a casa do povo católico do Brasil. Todos os anos ele é visitado por milhões de peregrinos que chegam de todas as partes do Brasil e do mundo para pedir e agradecer à Mãe de Jesus as muitas graças recebidas.

A Catedral Basílica de Nossa Senhora da Conceição Aparecida, também conhecida como Santuário Nacional de Aparecida, é o maior espaço religioso do país e o segundo maior templo católico do mundo, menor apenas que a Basílica de São Pedro, no Vaticano. A beleza do Santuário e todo o trabalho evangelizador nele realizado estão relacionados ao seu lema "Acolher bem também é evangelizar".

Este guia foi elaborado para ajudar você a conhecer um pouco mais os diversos lugares, artes e atrações que existem no Santuário Nacional e na cidade de Aparecida. Bem-vindo à casa de Nossa Senhora e de todos os seus filhos e filhas.

onários Redentoristas

Foto: Fabio Colombini

Pintura dos três pescadores

Autor: Beto Leite (CDM - Santuário Nacional)

UMA HISTÓRIA DE FÉ E DEVOÇÃO

Em 1717 três pescadores, João Alves, Domingos Garcia e Felipe Pedroso, foram encarregados de conseguir peixe para o banquete que a Vila de Santo Antônio de Guaratinguetá iria oferecer a Dom Pedro de Almeida e Portugal, o Conde de Assumar, então governador da Capitania de Minas e São Paulo, que estava passando pela região. Foi após várias tentativas de pesca, que os três pescadores retiraram das águas escuras do rio Paraíba uma imagem de Nossa Senhora, que veio nas redes em dois pedaços: primeiro o corpo e em seguida, rio abaixo, a cabeça. Depois de perceberem que se tratava da imagem da Mãe de Deus, os pescadores, que antes não tinham conseguido pescar nada, encheram as suas redes com uma quantidade abundante de peixes. Após a pesca, entregaram o corpo e a cabeça da imagem a Silvana da Rocha Alves, que reuniu as duas partes com cera, e a colocou num pequeno altar na casa da família, agradecendo a Nossa Senhora "Aparecida" das águas o milagre dos peixes. Nascia ali uma devoção que hoje já possui mais de 300 anos de história e se tornou o principal símbolo do Brasil Católico.

Em virtude da expansão da devoção a Nossa Senhora Aparecida das águas e do número sempre maior de peregrinos, ao longo dos anos, foi preciso reformar e aumentar o espaço da pequena capela originalmente construída. Até que em 1955 deu-se início à construção da atual Catedral Basílica de Nossa Senhora da Conceição Aparecida, também chamada de "Basílica Nova", conforme projeto do arquiteto Benedito Calixto. A Basílica dedicada a Nossa Senhora Aparecida é repleta de simbolismos, expressos nos pisos e nas paredes. As artes presentes em grandes painéis coloridos, nos azulejos e mosaicos, e em diversos outros elementos, foram criadas pelo artista sacro Cláudio Pastro, falecido em 2016. Pastro transformou o Santuário num grande espaço catequético.

Aparecida já foi visitada por três Papas: João Paulo II (1980), Bento XVI (2007) e Francisco (2013). Hoje, o Santuário é um grande centro evangelizador do Brasil, confiado ao zelo apostólico dos Missionários Redentoristas, que desde 1894 são responsáveis pela pastoral e pela administração, no atendimento aos romeiros e peregrinos, que chegam de todas as partes do país e do exterior.

UMA VISITA PELO INTERIOR DO SANTUÁRIO

01 Porta Santa
02 Altar Central
03 Nicho de Nossa Senhora
04 Capela São José
05 Capela do Santíssimo
06 Capela da Ressureição

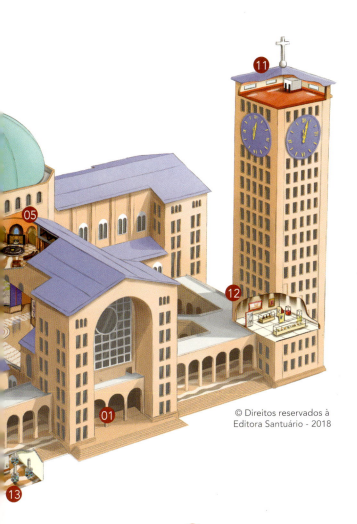

© Direitos reservados à Editora Santuário - 2018

07 Capela do Batismo
08 Colunatas dos Apóstolos
09 Capela das Velas
10 Cúpula
11 Mirante da Torre
12 Museu Nossa Senhora
13 Sala das Promessas

PORTA SANTA

Na tradição cristã, a Porta Santa é o próprio Cristo, que disse: "Eu sou a porta; quem entra por mim será salvo. Entrará e sairá, e encontrará pastagem" (Jo 10,9). Passar pela Porta Santa significa que se tem o objetivo de renovar-se. A Porta Santa do Santuário Nacional foi inaugurada por ocasião do Ano Santo da Misericórdia, em dezembro de 2015. Ela foi feita em bronze com detalhes em ouro. No lado externo está representada a anunciação do Anjo Gabriel à Virgem Maria. Nas mãos de Maria encontramos sua resposta, FIAT (faça-se). Ao alto, as letras alfa e ômega representam o Cristo-porta. No lado interno está a figura do Bom Pastor (à direita) e a figura do Pai Misericordioso acolhendo o Filho pródigo (à esquerda). Ao alto, o Sol e a Lua recordam a presença diária de Deus na nossa vida.

Foto: Thiago Leon

Foto: Thiago Leon

ALTAR CENTRAL E CRUZ

Para os cristãos o Altar é o próprio Jesus, por isso sua centralidade dentro do espaço sagrado. Ele é o centro do Universo, o umbigo do mundo, o coração do corpo místico de Cristo. O Altar do Santuário é uma mesa de pedra-granito maciço. Sobre ele encontramos a Cruz, o maior sinal cristão. O próprio Santuário foi construído em forma de Cruz, conforme projeto do arquiteto Benedito Calixto. A Cruz que está sobre o Altar é feita em aço com 8 m de altura, pesa quase 800 quilos e tem a figura vazada de Cristo a laser, que lembra a entrega de Jesus por nós. Instalada no meio do Santuário, a Cruz recorda que Cristo é o centro da vida de todo cristão, sendo Ele, o grande tronco da Árvore da Vida. Por essa razão a peça possui o desenho de 12 sementes, número que simboliza a perfeição absoluta.

A CÚPULA CENTRAL E COLUNAS DO BALDAQUINO

O tema da Cúpula faz alusão à parábola do grão de mostarda, que se torna a grande árvore onde os pássaros se aninham. As espécies de pássaros brasileiros ali representados recordam os peregrinos que neste lugar chegam de todas as partes para se aninhar e refazer suas forças. No Alto, no centro da Cúpula, temos o sol (luz), primeiro elemento da criação, e o pássaro que corresponde ao Espírito de Deus, que anima a criação e a vida do universo. A Árvore da Vida na Cúpula sob o Altar Central traz, em sua arte, a representação do centro da fé dos cristãos, que é Jesus, por isso tem como extensão a cruz vazada, simbolizando o caule ou grande tronco dessa árvore.
A Cúpula Central está sustentada pelo Baldaquino, os quatro pilares onde encontramos representados os diversos animais

Foto: Fabio Colombini

e plantas brasileiros e as etapas da vida humana. Nesse conjunto artístico, o peregrino contempla o Paraíso que Deus criou para a humanidade habitar, local de tranquilidade e paz, e recorda que em Cristo toda a criação foi restaurada. O Baldaquino possui mais de 40 m de altura. Cada um dos quatro paredões do baldaquino representa uma das estações do ano, através dos Ipês, que são símbolos do Brasil. Os anjos branco, negro, caboclo e índio representam a formação do povo brasileiro: eles indicam que o Altar, a Eucaristia, é o centro dos quatro cantos da Terra. Acima dos Anjos, no capitel, vê-se a saudação do Arcanjo Gabriel à Virgem, que corresponde à primeira parte da oração da Ave-Maria.

Foto: Fabio Colombini

O PISO DO SANTUÁRIO

Os pisos do Santuário são todos em granitos brasileiros. Em muitas partes eles estão dispostos em forma de água em movimento, fazendo referência ao sacramento do Batismo, momento em que somos mergulhados em Cristo, e ao rio Paraíba do Sul, onde foi encontrada a imagem da Virgem. A partir do Altar central linhas em zigue-zague representam o movimento das águas: o símbolo remete ao profeta Ezequiel, que falava da água que corre do altar para fecundar toda a terra (Ez 47,1-12).

A RAINHA E SEU TRONO

O retábulo de Nossa Senhora Aparecida foi inspirado na passagem do livro do Apocalipse, que se refere a uma "Mulher vestida de Sol" (Ap 12,1-2). Tem 45 m de altura e é todo feito em porcelana e ouro branco. Os três arcanjos, Rafael, Miguel e Gabriel, correspondem à "Escada de Jacó" (Gn 28,12), local onde Deus se manifesta. O nicho, feito em metal ouro com 2x2 m e envolto pelo sol, guarda a imagem original de barro cozido, encontrada em 1717 pelos pescadores no rio Paraíba do Sul. O nicho inclui a representação do sol, da lua e de 12 estrelas com a frase "O Espírito e a esposa dizem: Amém, vem, Senhor Jesus" (Ap 22,17). As figuras de peixes recordam o milagre da pesca.

Foto: Thiago Leon

OS PAINÉIS DO INTERIOR DO SANTUÁRIO

Em diversos lugares nas paredes do Santuário encontramos imensos painéis coloridos feitos em azulejos. Neles o artista Cláudio Pastro quis representar toda a História da Salvação.
Na nave sul da Basílica, o nicho da Imagem é ladeado por doze mulheres do Antigo Testamento que prefiguram Maria, a escolhida por Deus, são elas: Eva, Sara, Rebeca, Lia, Raquel, Miriam, Débora, Rute, Ana, Abigail, Judite e Ester. Outros painéis próximos ao nicho retratam os primeiros milagres atribuídos a Nossa Senhora Aparecida. Nas paredes da Nave Sul estão os painéis que retratam a infância de Jesus.
Acima das portas da nave norte encontramos ao centro o Pantocrator, Cristo Senhor e Mestre, acompanhado pelas santas

Nave Norte

Foto: Fabio Colombini

Nave Sul

Foto: Fabio Colombini

mulheres da Igreja. Entre elas está a Irmã Dorothy Stang, mártir assassinada na Amazônia. Os painéis nas paredes desta nave retratam a vida pública de Jesus.

Acima das portas da Nave Oeste encontramos ao centro a Mãe de Deus, acompanhada pelos homens leigos, sacerdotes, bispos que colaboraram com a evangelização do Brasil. Os painéis nas paredes desta nave retratam os últimos momentos da vida de Jesus antes da sua morte.

Acima das portas da Nave Leste encontramos no centro o Cordeiro Pascal e o cavalo branco do amado que vem na segunda vinda, acompanhado pelos Patriarcas, Profetas e Apóstolos. Os painéis nas paredes desta nave retratam a ressurreição do Senhor.

Nave Leste

Foto: Fabio Colombini

Nave Oeste

Foto: Fabio Colombini

Foto: Fabio Colombini

COLUNA PASCAL

Feita em mármore branco de Carrara, a Coluna Pascal tem 5 m. Possui figuras gravadas em baixo relevo de Adão e Eva, Madalena com Jesus, a serpente de bronze no bastão de Moisés, e o Cordeiro Pascal na cruz com as chagas. Sobre a Coluna Pascal é colocado a grande vela (Círio) durante o tempo da Páscoa.

CAPELA DO SANTÍSSIMO

Localizada à direita do Altar Central, a Capela do Santíssimo nos remete ao Mistério Eucarístico. Possui uma cúpula revestida de pastilhas de porcelana banhadas a ouro, indicando a presença do divino naquele lugar. O retábulo da Capela do Santíssimo é composto por cinco mosaicos italianos com os quatro evangelistas e o cordeiro pascal; são presentes de São João Paulo II. Logo na entrada, num portal de ferro, tem-se a representação da videira, sinal de comunhão, com passáros que bicam as uvas, lembrando os cristãos que vivem deste mistério. A frase em latim 'Panis Algelorum Cibus Viatorum', que significa 'Pão dos anjos, alimento dos viajantes', remete a Jesus, presente em espécie no pão e no vinho.

Foto: Thiago Leon

CAPELA DE SÃO JOSÉ

Localizada à esquerda do Altar Central, a Capela de São José é uma homenagem ao guardião da Sagrada Família. Cada detalhe da capela possui um significado especial, desde o piso até a cúpula. O piso da capela possui desenhos de lírios que se abrem, simbolizando a pureza e a sabedoria. Uma grade em ferro batido representa a entrada do jardim, com lírios em ouro e a frase "Dominus Domum Joseph Concredidit" (O Senhor confiou a José a Sua casa). Atrás do Altar, um painel de azulejos representa a passagem bíblica na qual São José é avisado pelo anjo de que Nossa Senhora concebeu por obra do Espírito Santo (Mt 1,20). Os dois painéis laterais recordam duas cenas da vida de Jesus.

Foto: Fabio Colombini

Foto: Fabio Colombini

CAPELA DAS VELAS

Localizada à esquerda da Porta Santa, é local onde muitos peregrinos costumam acender suas velas. O piso remete à passagem bíblica da Sarça Ardente, momento em que Deus aparece a Moisés em forma de fogo, recordando que Deus está presente naquele lugar. A Capela possui uma cruz de 4 m em aço trabalhado a laser.

OS VITRAIS

Os vitrais são elaborados com centenas de pedaços de vidros coloridos com o objetivo de filtrar a luz. Esta arte é encontrada com frequência em vários templos católicos. No Santuário, os vitrais localizados nas extremidades das quatro naves possuem estilo moderno, diferenciando-se dos antigos vitrais sacros. Destacam-se os diversos tons de azuis misturados com efeito de um imenso caleidoscópio. Nas partes centrais variações de Rosácea com intenção simbólica. Na Nave Norte Rosácea na cor vermelha, na Nave Sul Rosácea de vidro na cor azul, na Nave Leste Rosácea na cor turquesa e na Nave Oeste Rosácea na cor lilás. As cores remetem aos temas dos painéis das paredes. Diversos outros vitrais com temas variados são encontrados no Santuário.

Foto: Fabio Colombini

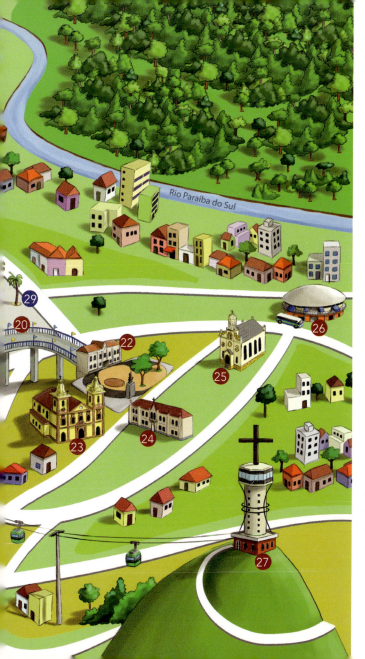

MAPA DA CIDADE DE APARECIDA

- 01 Santuário Nacional
- 02 Monumento de Fátima
- 03 Monumento dos 300 anos
- 04 Memorial dos Construtores
- 05 Tribuna D. Aloísio Lorscheider (Pátio das Palmeiras)
- 06 Campanário
- 07 Estação do Bondinho
- 08 Tribuna Bento XVI
- 09 Ponto de Encontro
- 10 Centro de Apoio ao Romeiro
- 11 Centro de Eventos
- 12 Memorial da Devoção (Museu de Cera e Cine Padroeira)
- 13 Presépio Permanente
- 14 Porto Itaguaçu
- 15 Mirante das Pedras
- 16 Caminho do Rosário
- 17 Trem do Devoto
- 18 Pedalinho Devotos Mirins
- 19 Cidade do Romeiro e Hotel Rainha do Brasil
- 20 Passarela da Fé
- 21 Rede Aparecida de Comunicação
- 22 Galeria Recreio
- 23 Basílica Velha
- 24 Memorial Redentorista
- 25 Igreja de São Benedito
- 26 Rodoviária
- 27 Morro do Cruzeiro e Mirante

ACESSOS PARA O SANTUÁRIO

- 28 Pedestre e Veículo
- 29 Pedestre

CAPELA DOS SANTOS APÓSTOLOS

A Capela dos Apóstolos do Santuário Nacional é um espaço reservado para receber pequenos grupos para momentos de oração. Está localizada atrás da Imagem original de Nossa Senhora Aparecida, que fica exposta no Nicho para visitação dos fiéis. Seu altar foi sagrado pelo papa João Paulo II, durante sua visita ao Santuário Nacional no ano de 1980. Nas paredes da capela estão doze nichos com as figuras dos Apóstolos, de autoria do artista sacro Cláudio Pastro.

Foto: Fabio Colombini

Foto: Thiago Leon

CAPELA DO BATISMO

Localiza-se na área externa do Santuário, na extremidade direita da colunata dos Apóstolos. Na porta da Capela do Batismo está a árvore da vida, com a inscrição 'O Cristo, novo Adão, abre-nos as Portas do Paraíso'. O piso forma um sol e contém a palavra 'Pax', saudação do Ressuscitado. A Cúpula simboliza o céu que faz o batizado ser luz do mundo. No barrado está a procissão de cordeiros. No Centro do batistério, em mármore branco, está a fonte batismal. No meio, uma cruz e, abaixo de uma pomba, a figura do Cristo, que corresponde ao batizado. Na frente, a frase 'Tu és meu filho, eu hoje te gerei', referente ao batismo de Jesus.

CAPELA DA RESSURREIÇÃO

Localiza-se na área externa do Santuário, na extremidade esquerda da colunata dos Apóstolos. Abriga os restos mortais dos Bispos e Arcebispos de Aparecida além do Memorial dos Devotos, um memorial virtual que relembra todos os colaboradores da Campanha dos Devotos falecidos. No piso encontramos a primeira estrofe do funeral cristão, "In Paradisum", e uma coroa de louros como coroa da vitória. O Bom Pastor, com 4 m de altura, recorda o Ressuscitado, que nos conduz nesta vida e para outra margem do rio da vida. Nas paredes, sete figuras da via-sacra recordam-nos o sofrimento de Cristo.

Foto: Thiago Leon

CAPELA DAS CONFISSÕES

Um dos locais mais procurados no Santuário de Aparecida é o espaço das confissões. Os confessionários ficam no subsolo do Santuário, onde os peregrinos são recebidos pelos sacerdotes em uma capela, para que possam ter orientações antes de receber o sacramento.

Foto: Thiago Leon

Foto: Thiago Leon

SALA DAS PROMESSAS

Os devotos de Nossa Senhora Aparecida vêm ao Santuário Nacional para pedir e agradecer as graças recebidas, e uma das formas de homenagem é trazer ex-votos (palavra que deriva da expressão "ex-voto suscepto", que significa "por um voto alcançado", em latim). A Sala das Promessas foi feita para receber todos esses ex-votos, que são objetos, fotos, cartas e testemunhos de fé dos devotos, que são formas de homenagear e demonstrar a devoção à Mãe Aparecida. A Sala das Promessas, também conhecida como 'Sala dos Milagres', está localizada no subsolo do Santuário Nacional e é o segundo lugar mais visitado da Casa da Mãe Aparecida.

MONUMENTOS EXTERNOS

O entorno do Santuário Nacional está repleto de monumentos construídos para marcar datas celebrativas importantes. **Campanário**: localizado no Jardim Norte, conta com 13 sinos, sendo 12 dedicados aos 12 apóstolos, e o maior de todos dedicado à Virgem de Aparecida e a São José. **Monumento dos 300 anos**: localizado nos Jardins do Santuário, próximo à avenida do Convento, a obra é uma réplica do monumento inaugurado nos Jardins do Vaticano, na ocasião do Jubileu dos 300 anos. O monumento retrata uma canoa na base, os três pescadores e uma rede, que recorda o momento do encontro da Imagem nas águas do Rio Paraíba do Sul em 1717. **Monumento de Fátima**: o Monumento de Fátima foi inaugurado por iniciativa conjunta dos jubileus comemorativos de 300 anos de Aparecida (Brasil) e 100

Campanário

Monumento dos 300 anos

Foto: Thiago Leon

anos de Fátima (Portugal), em 2017. O monumento fica no Jardim Norte, próximo à Torre Brasília. **Memorial dos Construtores**: Localizado na rampa de acesso ao Santuário Nacional, possui 96 placas de bronze com 2.356 nomes de pessoas que participaram da Construção do Santuário, as capitais dos Estados brasileiros, simbolizando que é neste lugar santo que está a Padroeira do Brasil inteiro, além, da distância de Aparecida para alguns Santuários Marianos, representando que embora sob muitos títulos todos veneramos a mesma Mãe de Deus. No local há ainda uma imagem de Nossa Senhora da Assunção, oferecida ao Santuário pelos congregados e Filhas de Maria da Arquidiocese de São Paulo, em 1955. A obra é do escultor siciliano Francisco Bussacca e foi confeccionada em bronze, medindo 2,50 metros de altura.

Monumento de Fátima

Foto: Thiago Leon

Imagem de Nossa Senhora da Assunção

Foto: Fabio Colombini

TORRE BRASÍLIA

A Torre Brasília, localizada no complexo do Santuário Nacional, domina a visão daqueles que acorrem à Casa da Mãe diariamente. Sua estrutura foi doada pelo presidente Juscelino Kubitschek. Com seu porte majestoso, a imensa torre de 100 m de altura possui 18 andares, com 440 degraus, e comporta a maior parte dos setores administrativos do Santuário, além do Museu Nossa Senhora Aparecida e do Mirante, que podem ser visitados pelos romeiros. A obra foi inaugurada no ano de 1961, e a imensa cruz, colocada sobre ela, guarda uma cápsula com uma relíquia do Santo Lenho. No ano de 2007, a Torre ganhou um relógio de 4 toneladas, construído em Madrid. No piso térreo, encontra-se o painel afresco intitulado "Os Peregrinos".

Foto: Fabio Colombini

Foto: Thiago Leon

COLUNATAS DOS APÓSTOLOS

As doze colunas maiores presentes no complexo da Esplanada São João Paulo II, local onde o pontífice celebrou missa campal em 1980, comportam as estátuas dos 12 apóstolos, pilares da Igreja. São obras do artista plástico Alexandre Morais, feitas em cimento com decoupagem em cobre, pesam cerca de 4 toneladas e medem 4 metros de altura cada uma. O projeto é inspirado na estrutura da Basílica de São Pedro, em Roma, com dois braços que representam os braços da Mãe Igreja.

PRESÉPIO PERMANENTE

O Morro do Presépio está localizado no pátio do Santuário Nacional e possui mais de 70 esculturas que representam o nascimento de Jesus, o encontro da Imagem de Nossa Senhora Aparecida no Rio Paraíba do Sul e atrações como gruta, cascatas, lago e mirante. O Presépio possui 7.345 metros de comprimento. Todas as peças têm tamanho natural e foram feitas em cimento.

Foto: Thiago Leon

Foto: Thiago Leon

PASSARELA DA FÉ

A Passarela da Fé foi inaugurada em 1972. A estrutura da Passarela foi construída para oferecer acesso entre a Basílica Velha e o Santuário Nacional, conhecida por Basílica Nova. Seu formato foi projetado em forma de um "S", em homenagem à Senhora da Conceição Aparecida. A Passarela da Fé possui 392,2 metros de comprimento, e sua parte mais alta está a 35,52 metros do chão, de onde descortina-se uma bela visão panorâmica da cidade de Nossa Senhora Aparecida. O local também costuma ser utilizado pelos peregrinos para pagar suas promessas, caminhando ou indo de joelhos de um ponto ao outro da Passarela.

BASÍLICA VELHA

Construída no Morro dos Coqueiros, onde hoje está o centro da cidade de Aparecida (SP). Com obras iniciadas em 1845, no lugar da antiga capela que ali existia desde 1745, foi inaugurada em 1888. De estilo barroco, foi tombada como monumento de interesse histórico, religioso e arquitetônico pelo Conselho de Defesa do Patrimônio Histórico, Arqueológico, Artístico e Turístico do Estado de São Paulo (Condephaat), em 1982. Além de retratar a fé do povo, na Basílica Velha está vinculada a história cultural e religiosa do Brasil, abrigando um acervo de obras históricas e artísticas. Recebeu do Vaticano, em 1908, o título de Basílica Menor. Nela permaneceu até 1982 a imagem original encontrada pelos pescadores. Ali a Princesa Isabel visitou Nossa Senhora Aparecida, em companhia de seu esposo, em 1868. Veio suplicar a graça de um herdeiro para o trono. Voltou em novembro de 1884 para agradecer a graça alcançada.

Foto: Thiago Leon

Túmulo do Pe. Vítor Coelho

MEMORIAL REDENTORISTA E TÚMULO DO PE. VÍTOR COELHO

O Memorial Redentorista está localizado no pátio interno do antigo Convento dos Missionários Redentoristas, inaugurado em 1912, que fica na praça em frente à Basílica Velha. O local guarda de forma digna e carinhosa os restos mortais dos Missionários Redentoristas padres e irmãos. Ali também se encontra o túmulo do servo de Deus Pe. Vítor Coelho de Almeida, o Apóstolo de Aparecida, que ficou conhecido em todo o Brasil, por causa do seu trabalho evangelizador na Rádio Aparecida, e morreu com fama de santidade. O local possui lindos jardins, duas capelas e um orquidário, que pertencia ao padre Vítor Coelho.

MORRO DO CRUZEIRO E BONDINHO

Separado da cidade de Aparecida pela Rodovia Presidente Dutra, é o ponto turístico onde acontece, toda sexta-feira da Quaresma, a tradicional Via-Sacra. O cruzeiro, obra do artista Cláudio Pastro, é moldado em aço, pesa 25 toneladas e possui 23 m de altura, localizado em cima do Mirante do Cruzeiro, torre com 30 m de altura. O Morro do Cruzeiro conta com painéis em cimento do artista Adélio Sarro, representando as 14 estações da Via-Sacra. O acesso pode ser a pé ou pelos bondinhos aéreos que ligam o Santuário Nacional ao Morro do Cruzeiro.

Morro do Cruzeiro

Foto: Thiago Leon

Bondinho

Foto: Thiago Leon

Foto: Thiago Leon

Foto: Grabriela Mantovani

PORTO ITAGUAÇU

Itaguaçu quer dizer "Pedra grande" em tupi-guarani. Nesse local, na curva do Rio Paraíba do Sul, foi encontrada a imagem de Nossa Senhora Aparecida. No Porto Itaguaçu encontramos uma singela capela, cuja parede de vidro, que fica atrás do altar, permite aos visitantes terem uma visão belíssima do rio, localizado logo em frente. No Porto, os devotos podem também usufruir de um serviço de barco para passeio pelo Rio Paraíba do Sul, aprovado pela Marinha do Brasil. O Porto Itaguaçu se liga ao complexo do Santuário por meio do Caminho do Rosário.

CIDADE DO ROMEIRO, CAMINHO DO ROSÁRIO, TREM DO DEVOTO E PEDALINHO DEVOTOS MIRINS

A Cidade do Romeiro foi idealizada para receber religiosos e peregrinos, além de ser um espaço de lazer para Aparecida e Região. O local conta com a Capela Nossa Senhora da Esperança, o Hotel Rainha do Brasil, o Centro de Reuniões Santo Afonso de Ligório, um Centro Comercial, restaurantes, área de convívio, além de uma ampla área verde com lagos e o Pedalinho Devotos Mirins. Nesse local começa o Caminho do Rosário, que segue margeando o Rio Paraíba até o Porto Itaguaçu. Dali parte também o Trem do Devoto.

Cidade do Romeiro
Foto: Thiago Leon

Caminho do Rosário

Foto: Wilson Silvastor

Foto: Wilson Silvaston

MEMORIAL DA DEVOÇÃO: MUSEU DE CERA E CINE PADROEIRA

O Memorial da Devoção Nossa Senhora Aparecida é um complexo turístico que fica no pátio da Basílica, ao lado do Centro de Apoio aos Romeiros. Abriga o Cine Padroeira, o Museu de Cera, o Cantinho dos Devotos Mirins, um espaço para exposições e uma loja de artigos religiosos. Todas as atrações unem arte e efeitos multimídia, para levar o visitante a uma experiência sensorial única pela história da Padroeira do Brasil, desde seu encontro nas águas do Rio Paraíba do Sul, até os fatos mais recentes dessa trajetória, como a construção da Basílica Nacional.

HORÁRIOS

SANTUÁRIO NACIONAL

Segunda a sexta: 5h às 22h
Sábado: abre às 5h e fecha domingo às 21h

Missas:

Segunda a Sexta-feira: 6h45 I 9h I 10h30 I 12h I 16h I 18h
Sábado: 6h30 I 9h I 10h30 I 12h I 16h I 18h I 20h
Domingo: 5h30 I 8h I 10h I 12h I 14h I 16h I 18h
Bênçãos: (ao final de todas as missas)

Confissões:

Segunda a sexta: 8h às 11h e das 14h às 16h
Sábado: 6h30 às 11h e das 13h às 16h45
Domingo: 6h30 às 11h e das 13h às 16h
Mais informações: (12) 3104-1694

BASÍLICA VELHA

Segunda a quinta: 7 às 20h
Sexta-feira, sábado e domingo: 7h às 21h

Missas:

Segunda a quinta: 8h I 18h
Sexta: 8h I 18h I 19h30
Sábado e Domingo: 9h I 15h I 19h

Plantões de benção e acolhida das romarias:

Todos os dias: 8h às 11h e das 14h às 17h

Mais informações: (12) 3104-3491

Diretor Editorial: Pe. Fábio Evaristo R. Silva, C.Ss.R.
Projeto Gráfico: Guilherme Antunes
Revisão: Equipe Editora Santuário
Impressão: Gráfica Santuário

ISBN 978-85-369-0552-5   2ª impressão
Todos os direitos reservados à **EDITORA SANTUÁRIO** – 2019

Rua Pe. Claro Monteiro, 342 – 12570-000 – Aparecida-SP
Tel.: 12 3104-2000 – Televendas: 0800 - 16 00 04
www.editorasantuario.com.br
vendas@editorasantuario.com.br